Family  Chore Games

So macht Ihren Kindern Haushaltsarbeit richtig Spaß!

Von

Albert Emanuel Kessler

Widmung

Für alle Familien, die während der Coronakrise im Frühjahr 2020
sehr eng miteinander auskommen mussten.

Inhalt

Anmerkung des Autors

Warum Family Chore Games?

Es gibt viele Gründe, warum eine Familie eine GAME-Tradition haben sollte:

Soziale Kompetenz, Zeitqualität, Kennenlernen, Teamfähigkeit, ... aber formulieren wir die Frage für engagierte Mamas und Papas neu: und wenn ich engagiert sage, meine ich diese mutigen Geschöpfe, die...

- Einen Job haben, der Geld einbringt
- Sich gleichzeitig um den Haushalt kümmern
- ALLE Aufgaben der Familie managen,
- Dafür sorgen, dass ihre Kinder gesund, glücklich und eine gute Ausbildung bekommen,
- Konstantes Troubleshooting und Krisenmanagement auf physischer, materieller und emotionaler Ebene für JEDEN in der Familie betreiben,
- Fast all ihre Hobbys opfern, ihre persönlichen Aktivitäten, und ihre Lebensfreude zurückstellen um mit den täglichen kleinen und größeren Herausforderungen einer funktionierenden Familie klar zu kommen und eine gute Work-Life-Balance zu behalten.

Was würden Sie dafür geben, wenn Sie und Ihre Kinder Spaß hätten, den gemeinsamen Haushalt zu bewältigen: den Geschirrspüler ein- und auszuräumen, zu putzen oder die Wäsche zu waschen? Was wären Sie bereit zu investieren, wenn Ihre Kinder anfangen würden, gemeinsam mit Ihnen als TEAM zu arbeiten, um Ihre persönliche OFFICE-Zeit in eine 3-stündige störungsfreie Zone zu verwandeln? Und was würden Sie geben, wenn Sie wüssten, dass dies LIEBE, HARMONIE, VERSTÄNDNIS und TEAMGEIST in Ihrer EIGENEN FAMILIE fördern und kultivieren würde?

FAMILY CHORE GAMES will auf genau diese Fragen kreative Antworten liefern um Ihrer Familie und ihrem Haushalt zu einem neuen Miteinander zu verhelfen.

Vorwort

ALLE Familien können spielen!

Wir haben die Spiele für die klassische Konstellation Mutter Vater plus 2-3 Kinder in einem Altersunterschied von 2-3 Jahren entworfen. Wir wissen, dass es viele Familien gibt, die diese Kriterien nicht erfüllen, deshalb empfehlen wir Ihnen, fehlende Kriterien entsprechend anzupassen!

Schauen wir uns ein Beispiel an: Wenn ein Vater fehlt, übernimmt die Mama BEIDE Rollen (wie sie es auch im wirklichen Leben tut). Wenn es in der Familie ein Kind gibt, das zu jung zum Spielen ist, bleibt es bei den Eltern und wird zum "Ehrenmitglied", das den Eltern bei den Entscheidungen und der Vergabe von Punkten "hilft".

Das jüngste Alter, das wir empfehlen, liegt bei etwa 5 Jahren. Aber WIRKLICH ist es das Alter, in dem das Kind Dinge im Haushalt verstehen und tun kann, wie z.B. den Tisch decken, die Hose in die Waschmaschine stecken, das Spielzeug vom Boden wegräumen... usw.

Für die erste Runde empfehlen wir, die klassischen Rollen beizubehalten: Die Mutter spielt die Mutter, der Vater den Vater, die Kinder sind die Kinder in ihren Altersrollen... Je erfahrener die Familie im Bereich des Spielens und des Zusammenlebens wird, desto leichter kann die Familie auch die Rollen im Spiel wechseln und den Spaß haben, einander ein Spiegel zu sein... ("Wow, jetzt kann ich den Vater spielen!"), wir empfehlen diese Variante sogar! Es macht Spaß!! Und es ist wahrscheinlich eine der Hauptmotivation für die Kinder, sich auf dieses Spiel überhaupt einzulassen. Keine Sorge, wir erklären alles später im Detail. Lesen Sie einfach weiter!

Wer ist der GEWINNER?

Seien wir ehrlich: Menschen sind vor allem dann MOTIVIERT, etwas zu tun, wenn es einen PREIS gibt. Insbesondere, wenn er nicht zu schwer zu bekommen ist, und wenn auch ANDERE darauf lauern und ebenso motiviert sind!

Also, ja, wir haben uns entschieden, den Weg des gesunden Wettbewerbs in der Spieleentwicklung zu gehen. Bei diesen Spielen kann und wird es also klare Gewinner geben. Es gibt Preise, die man sich wünschen kann, es gibt Punktevergaben für jedes Spiel einzeln. Und ja, es müssen Strategien entwickelt werden, um so viele Punkte wie möglich zu sammeln... Gleichzeitig haben wir versucht, das Gefühl, der "Verlierer im Spiel" zu sein, zu minimieren. Niemand wird zurückgelassen, niemand wird ausgeschlossen. Aber ja, wenn man weniger arbeitet, erntet man weniger, und das führt dazu, dass man einen kleineren Preis bekommt - Was einen gewissen Ehrgeiz hinterlassen kann und sollte, beim nächsten Mal einen größeren Preis zu ergattern. Natürlich ist der wichtigste Gewinner die FAMILIE selbst, indem man einfach am Spiel teilnimmt und die wichtigste Komponente von JEDEM Spiel schafft: das Gefühl des ZUSAMMENSCHLUSSES und nicht zuletzt der wichtigste Faktor - SPASS!!!

2

Was ist der PREIS?

Der wichtigste Motivator für jede Art von Spiel, sei es im Geschäft oder in der Familie, ist immer die Frage: WARUM SOLLTE ICH SPIELEN? WAS IST MEIN NUTZEN, WENN ICH MITSPIELE?

Nur wenn der PREIS für alle attraktiv ist, wird es Motivation zum Spielen geben!

Wie schaffen wir also einen PREIS, den sich jeder wünscht, wenn jeder in der

Familie unterschiedlichen Alters ist und unterschiedliche Wünsche hat?

Sehr einfach: WIR SCHAFFEN VIELE, VIELE VERSCHIEDENE PREISE, DIE INDIVIDUELL VERDIENT WERDEN KÖNNEN. Dazu müssen wir uns in den FAMILIENKREIS setzen!

FAMILIENKREIS

Der Familienkreis ist eines der mächtigsten Kommunikationsmittel in jeder Art von menschlicher Zusammenarbeit (in abgewandelter Form finden wir auch in Unternehmen ähnliche Kommunikationsstrukturen): Er wird von der Mutter und dem Vater (normalerweise Mutter und Vater, aber mit zunehmender Reife kann dies an ältere Söhne und Töchter weitergegeben werden) geleitet. Endgültige Entscheidungen werden von der MUTTER getroffen, die immer vom VATER unterstützt wird.

Jedes Mitglied darf seine Meinung sagen - in diesem Fall kann so der Wunsch nach einem Preis der zum Mitmachen motiviert, ausgesprochen werden. Das WORT wird den einzelnen Familienmitgliedern symbolisch mit einem TALKING STICK oder STONE überreicht. Niemand darf den STICK/STONE- Halter (=aktueller Redner) unterbrechen. Der Redner hat eine begrenzte Redezeit, etwa 3 Minuten (je nach "Komplexität" des Preisthemas kann die Redezeit verlängert werden).

Variation: Die MUTTER und der VATER des Kreises können Preise anbieten, von denen sie wissen, dass ihre Kinder sie gerne hätten. Im Idealfall sind dies

Aktivitäten, die die Familie ZUSAMMEN genießen kann: wie z.B. Zelten gehen, in einen FUN-PARK gehen, ins THEATER/KONZERT/FILME gehen, oder für andere eine PARTY schmeißen. Dort wo das nicht möglich ist, darf kreativ erörtert werden, was eine Alternative sein könnte, die ein ähnliches Gefühl vermittelt. (Z.B: einen Fun-park selber bauen; Zelten im Garten, mit einer anderen Familie eine Hausparty, Hauskonzert, Spieltag machen, …). Wir empfehlen, dass auch die Eltern sich hier etwas wünschen dürfen sollten, (Zeit für sich, Zeit für Hobbies, für den Partner), … das können sie aber nur in der Rolle eines "Kindes" erwirtschaften, d.h. eben ihren Teil des Haushalts machen. Allerdings hier mit einem gewissen "HANDICAP", mehr dazu später.

4

PREISKATEGORIEN und SPIELPUNKTE

Wir empfehlen die Schaffung von mindestens 3 + 1 PREISKATEGORIEN und eine

Währung von Punkten oder Münzen, mit der die Preise bewertet werden.

1.) Der HAUPTPREIS hat die höchste Punktzahl, zum Beispiel 1000

2.) Die ZWEITE Preis-Kategorie hat eine mittlere Punktzahl, zum Beispiel 500

3.) Die DRITTE Preis- Kategorie kann schon mit einer geringen Anzahl von Punkten erworben werden, zum Beispiel 250

4.) Die Kategorie EXTRA für JEDEN, der teilgenommen hat, aber aus irgendeinem

Grund keine Punkte machen konnte.

Punkte werden für erledigte Aufgaben in Sondereinsätzen vergeben, können aber auch durch freiwillige Arbeit im Haushalt verdient werden. Je mehr Punkte jedes Mitglied verdient hat, desto leichter kann es zwischen den Kategorien wählen. Jedem Mitglied sollte mindestens 1 Preis aus der Hauptkategorie und mehrere aus den anderen zur Verfügung stehen. Am Ende eines jeden Wochenspiels, das als SCENARIO bezeichnet wird können die Spieler mit den gesammelten Punkten Preise "kaufen". Wenn aus Sicht der Spieler nicht genügend Punkte erzielt wurden, kann das Szenario um eine weitere Woche verlängert werden.

Tipps für Eltern: PREISKATEGORIEN

Wir empfehlen, Preise anzubieten, die SIE kontrollieren können und die zu einem gesünderen und kreativeren Leben Ihrer Kinder führen. Die folgenden Vorschläge sind nicht obligatorisch, SIE müssen IHRE besten Motivatoren im FAMILIE NKREIS finden, es kann einige Zeit dauern - am wichtigsten ist die Motivation der Kinder... jedenfalls könnten diese Vorschläge noch inspirierend sein:

KATEGORIE 1: KURSE und SEMINARE passend zum Hobby des Kindes: Malen, Schreiben, Kampfsportarten, Tanzen, Akrobatik, Basketball, Fußball, Reiten, Schminken, Design, Schwimmen, Dekoration für Geburtstagsfeiern, Backen, Kochen...

KATEGORIE 4: Karte des Respekts, der Liebe und der Anerkennung für ihre Arbeit, Süßigkeiten, ...

WIE SPIELEN wir?

REGELN als Grundprinzipien

1.) Der Familienkreis kreiert die Preise, bestätigt die Regeln, kommt für Punktspenden zusammen und ist das Gericht für Konfliktfälle.

2.) Die Rolle der MUTTER hört alle Meinungen und Stimmen an und trifft eine Entscheidung. Die Entscheidung der Mutter zählt. Diese Rolle darf/sollte auch von allen anderen einmal gespielt werden. Die Rolle der Mutter verdient sich pro Familienkreis und Missionstraining 45 Punkte - kann mit Extrapunkten erhöht werden.

3.) In Aktion beaufsichtigt die Rolle des VATERs die Aufgaben und notiert die von allen erreichten Punkte. Diese Rolle darf ebenfalls von allen mindestens einmal gespielt werden.

4.) Der Familienkreis entscheidet über die Dauer eines Spiels, wir empfehlen als kürzeste Form 1 Woche / 7 Tage. Es kann auch nur 1 Tag gespielt werden, aber das hilft den Eltern nicht wirklich, oder?

5.) Jede Tätigkeit in jeder Aufgabe erhält Punkte, die Tätigkeiten können und sollen durch eine Ankündigung an den VATER oder den ältesten Sohn sichtbar gemacht werden, der sich Notizen in der Punkte-Liste macht.

6.) Die Rolle des VATERS erhält ebenfalls 45 Punkte für diese wichtige Aufgabe - kann mit Extrapunkten erhöht werden.

7.) Wenn während des Spiels etwas zerbrochen wird, zählt es als Minuspunkte: z.B. ein zerbrochenes Glas zählt als -40 Punkte, ... Die Anzahl der Minuspunkte kann im FAMILIENKREIS festgelegt werden. Wichtig: Zerbrochene Dinge haben weniger emotionale als "finanzielle" Folgen.

8.) Wenn kaputte Sachen repariert oder neu gekauft werden, werden die Punkte wieder auf das Konto der Familienmitglieder übertragen und können sogar EXTRA-Punkte erhalten!

9.) Viele zusätzliche Punkte können durch ehrenamtliche Arbeit verdient werden, es muss nur vom VATER oder der MUTTER genehmigt werden. Auch das Erledigen spezieller Teamaufgaben und das Erreichen einer Aufgabe ohne Streit ist mit Extra- Punkten verbunden.

10.) Viele Regeln können im FAMILIEN KREIS angepasst und sogar geändert werden, der mindestens 3 Mal während des Spiels stattfinden sollte: einmal am Anfang, einmal in der Mitte und einmal am Ende.

Verschiedene Formate

EINZEL FAMILIEN FORM: ist die Grundform, sie wird innerhalb der Familie in einem Zeitrahmen von mindestens einer Woche gespielt. In besonderen Fällen, wie z.B. bei Veranstaltungen & Partys, kann dieser Zeitrahmen auch auf einen Tag angepasst werden.

MEHRERE FAMILIEN FORM: Dies ist die fortgeschrittene Form der FAMILY CHORE GAMES. Sie benötigt eine Social-Media-Plattform, eine App oder eine Art von Kommunikation, die es den Familien ermöglicht, die von der anderen Familie erledigten Aufgaben zu sehen (Fotos, Videos usw.). Mögliche Lösungen könnten eine WhatsApp- oder Facebook-Gruppe, ein Instagram-Hashtag oder etwas Ähnliches sein. In diesem Fall kämpft jede Familie gegeneinander in einer abgeschlossenen Haushaltsaufgabe, die in Menge und Zeit definiert ist und möglichst gleichzeitig erledigt wird. Die Mutter- und Vaterrolle der einen Familie ist der Richter für die erledigten Aufgaben der anderen Familie sowie für die Vergabe der Punkte der anderen Familie. Die wichtigste Aufgabe und das bekommt zusätzliche Punkte, hier ist es, den FRIEDEN trotz des Wettbewerbs zu halten. Idealerweise sollten sich die Familien am Ende jeder Spielrunde zu einer PARTY vereinigen. Der Gewinner ist Gastgeber der Party, der Gastgeber darf danach nicht aufräumen.

UND NUN...

LASST DIE SPIELE BEGINNEN!

Das MISSION IMPOSSIBLE Szenario

NAME: Mission Impossible

Kategorie: Szenario

Zeitrahmen: 1 Woche

Die Geschichte: Die Agenten (Kinder) haben die Hauptaufgabe, den Code des Tresors zu knacken, in dem ein neuer GEHEIMER Preis aufbewahrt wird. Dies kann durch das Lösen von Nebenmissionen erreicht werden, in denen die Agenten einzelne Punkte ernten können. Für jede in perfekter Teamarbeit erzielte Einsendung wird eine Glyphe des Codes, der zum Öffnen des Tresors benötigt wird, vergeben. Sollte eine Aufgabe nicht optimal erfüllt werden und eine Glyphe fehlen, kann der Code trotzdem geknackt werden, da er eine logische Struktur hat, wie "We Made This Mission Possible YEAH".

Tipps für Eltern: Je mehr Drama ihr in die Sache hineinsteckt, desto mehr Begeisterung wird dieses Spiel in eurer Familie auslösen.

Drama-Tipps:

- Nehmt das Missionsangebot im Stil von Mission Impossible auf,
- Denkt an einen coolen Preis, den jeder genießen kann, an den aber noch niemand gedacht hat.
- Denkt an einen Kodex, der etwas mit eurer Familie, vielleicht sogar mit eurer Abstammung zu tun hat.
- Seid geheimnisvoll.
- Macht jede Mission zu einem lustigen Erlebnis, auch für Euch selbst.
- Erstellt Sie ein cooles BOOTCAMP für die Schulung der Agenten vor der Mission.

BOOTCAMP-Ausbildung:

Jede Mission benötigt klare Anweisungen von Mutter und Vater, und zwar so, dass alle Kinder den Prozess kennen. Es ist sinnvoll, jedes Kind den ganzen Prozess selbst machen zu lassen und die anderen mithelfen zu lassen, wenn sie den nächsten Schritt nicht kennen. Das Ziel ist, dass alle Mitglieder in allen Aspekten so gut ausgebildet sind, dass sie die Mission im Stillen erfüllen können, ohne sich gegenseitig zu sagen, was sie tun sollen. Es ist wichtig, eine Tätigkeit, die bereits von jemand anderem erledigt wird, nicht doppelt zu tun, sondern die Lücken zu füllen, also das zu tun, was noch fehlt, und vorauszudenken, was als nächstes kommt.

Bereits im BOOTCAMP können Punkte geerntet werden/ und verloren gehen

Fokus und Aufmerksamkeit: 30 Punkte

Schweigen: 10 Punkte

Sabotage der obengenannten: - 5 Punkte

ALPHA Mission: FRÜHSTÜCKS-NINJAS

NAME: FRÜHSTÜCKS-NINJAS

Kategorie: Sub-Mission

Zeitrahmen: 10 Minuten für die Einstellung

10 Minuten Reinigung.

Die Geschichte: Ihr Auftrag, sollten Sie ihn annehmen, ist es: Lernen Sie in Ihrer

Ausbildung WIE Sie den Tisch decken können, ohne dass jemand etwas davon mitbekommt.

Alles geschieht im Stillen, niemand sagt Ihnen, was Sie zu tun haben, Ihr Agenten - Instinkt setzt ein und Sie füllen die Lücken Ihrer Teammitglieder aus. Wenn ein Agent spricht, bekommt er -5 Punkte.

Ausbildung: Mutter oder Vater leiten ein Training, in dem sie zeigen, wie man am schnellsten und idealsten Frühstück und Abendessen zubereiten können (später oder bei viel Talent in der Küche kann ein Mittagessen hinzugefügt werden, einschließlich Einkaufen und Kochen). Alle Agenten sollten alle notwendigen Aktionen kennen, damit sie den Tisch OHNE zu sprechen decken können.

Verletzung des Schweigens: -5 Punkte

Aufgaben:

- **Tischdecken**: Tischdecke, Teller, Tassen, Servietten, Besteck
- **Kaltes Essen**: Obst, Smoothie-Saft, Milch, Getreide, Käse, Fisch, Fleisch
- **Warmes Essen**: Eier, Toast, Brei-Eintopf
- REINIGUNG aller 3

Punkte

Die Agenten können sich für TEAM-WERK oder EINZEL ARBEIT entscheiden.

Zum erfolgreichen TEAMWORK gehört die ideale Zusammenarbeit in ABSOLUTER STILLE, niemand sagt jemandem, was er zu tun hat, jeder füllt die Lücken, es gibt keinen Konflikt, alles geschieht innerhalb des vorgegebenen Zeitrahmens. Wir schlagen für unser Familienformat 50 Punkte für jedes Teammitglied vor, einschließlich der VATER-Rolle, wenn sie von einem Kind gespielt wird.

INDIVIDUELLE Arbeit macht Sinn, wenn das Team sehr klein ist oder einige Brüder und Schwestern ein bisschen faul sind....

- Tischdecken: Tischtuch auflegen; alle Teller, Tassen, Servietten, Besteck aufdecken
- 10 Punkte Einstellung 5 Punkte Reinigung

  Kaltes Essen: Obst, Smoothie-Saft, Milch, Getreide, Käse, Fisch, Fleisch
- Punktesetzung 5 Punkte Reinigung

  warmes Essen: Eier, Toast, Brei-Eintopf
- 20 Punkte Einstellung, 15 Punkte Reinigung (wenn von Hand gereinigt)

15 BONUSPUNKTE können hinzugefügt werden; zum Beispiel
GLYPHE: "W (Wort 1 beliebige Position)"

BRAVO Mission: OOM-SWIPER

NAME: ROOM SWIPER

Kategorie: Sub-Mission

Zeitrahmen: 10-15 Minuten

Die Geschichte: Ihr Auftrag, sollten Sie ihn annehmen, besteht darin, für die Durchführung eines sogenannten SWIPERS ausgebildet zu werden. Das bedeutet, dass ein Ort des Chaos und der Kriminalität im Haushalt, wie Spielzeug, Werkzeuge und Kleidung, die in einem Raum herumliegen, gereinigt werden und in einen Zustand versetzt werden muss, als ob nie etwas passiert wäre. Während eines Swiping-Einsatzes geschieht alles schnell und ohne zu sprechen. Durch Ihre Agentenausbildung können Sie automatisch und natürlich auf jede Aktion Ihrer Teammitglieder reagieren,

Sie tun exakt das, was gerade niemand anderes tut und fügen sich perfekt in Ihr Team ein.

AUSBILDUNG: wird von Mutter und/oder Vater geleitet. Alle Aufgaben müssen allen bekannt sein, auch dies muss in absoluter Stille geschehen. Jede Art von Wort führt zu Minuspunkten, von -5 bis -10 Punkten pro Satz.

AUFGABEN:

- Spielzeugin Schachteln
- Wäsche in Wäscherei/Wäschekammer
- Betten gemacht
- Schreibtische gereinigt
- Staub gereinigt

Punkte

Die Agenten können sich für **TEAM-WORK** oder EINZEL-ARBEIT entscheiden.

Zum erfolgreichen **TEAMWORK** gehört die ideale Zusammenarbeit in ABSOLUTER STILLE, niemand sagt jemandem, was er zu tun hat, jeder füllt die Lücken, es gibt keinen Konflikt, alles geschieht innerhalb des vorgegebenen Zeitrahmens. Wir schlagen für diese Aufgabe **50 Punkte** für jedes Teammitglied vor, einschließlich der VATER-Rolle, wenn sie von einem Kind gespielt wird, für jedes Zimmer.

INDIVIDUELLE Arbeit macht Sinn, wenn das Team sehr klein ist oder einige Brüder und Schwestern ein bisschen faul sind oder sich noch nicht bereit für die Stille fühlen....

⁞ Spielzeug in Schachteln: Jedes Spielzeug hat eine Schachtel im Schrank, alle Spielzeuge müssen in der Schachtel sein.

- 5-10 Punkte

⁞ Wäsche in die Wäsche/Kleidung saubere Tücher in den Schrank, schmutzige Kleidung in die Wäsche

- 5-10 Punkte

⁞ Betten gemacht

- 5 Punkte

⁞ Schreibtische gereinigt

- 5-10 Punkte

⁞ Staubgesaugt

- 10-15 Punkte

⁞ 15 Bonuspunkte zu jeder Zeit

⁞ GLYPHE: E (Wort 1 beliebige Position)

CHARLY Mission: KAMPFANZUG REINIGUNG

NAME: KAMPFANZUG-REINIGUNG

Kategorie: Sub-Mission

Zeitrahmen: 1 - 2 Stunden

Die Geschichte: Sollten Sie sich für den Auftrag entscheiden, ist es Ihre Aufgabe, die Kampfanzüge Ihrer Agentenfamilie zu reinigen und aufzurüsten. Sie müssen zwischen weißen und farbigen Anzügen unterscheiden, die Chemie von Pulver- und Flüssigwaschmittel lernen, die Technologie des richtigen Programms, den Umgang mit der Maschine, das

Entleeren und das Trocknen und ggf. Bügeln der Anzüge, damit sie so schnell wie möglich wiederverwendet werden können.

TRAINING: wird von Mutter und/oder Vater geleitet. Alle Aufgaben müssen allen bekannt sein, auch dies muss in absoluter Stille geschehen. Jede Art von Wort führt zu Minuspunkten, von -5 bis -10 Punkten pro Satz.

Aufgaben:

- DIE WASCHMASCHINE FÜLLEN
- LEEREN DER WASCHMASCHINE
- TROCKNEN/ AUFHÄNGEN
- BÜGELN, falls erforderlich

Punkte

Die Agenten können sich für **TEAM-WORK** oder EINZEL-ARBEIT entscheiden.

Zum erfolgreichen TEAMWORK gehört die ideale Zusammenarbeit in STILLE, niemand sagt jemandem, was er zu tun hat, jeder füllt die Lücken, es gibt keinen Konflikt, alles geschieht innerhalb des vorgegebenen Zeitrahmens. Wir schlagen für unser Familienformat **50 Punkte** für jedes Teammitglied vor, einschließlich der VATER-Rolle, wenn sie von einem Kind gespielt wird, für jedes Zimmer.

INDIVIDUELLE Arbeit macht Sinn, wenn das Team sehr klein ist, oder einige Brüder und Schwestern sich etwas faul oder noch nicht bereit für die Stille fühlen....

- FÜLLEN DER MASCHINE MIT WEISS/FARB-WÄSCHE, die richtige Waschmittelmenge, das richtige Programm, die richtige Temperatur
  - 70 Punkte

LEEREN DER WASCHMASCHINE- Kleidung herausnehmen, in den Trockner legen oder auf einen Wäscheständer hängen,
  - 20Punkte

TROCKNEN/AUFHÄNGEN–Kleidung aufhängen in Outfit-Kategorien: Hosen, Socken, Hemden, T-Shirts, Pullover, Unterwäsche, ...
  - 70 Punkte

GLYPHE: M. (Wort2)

DELTA Mission: GEHEIME BÜROZEIT

NAME: GEHEIME BÜROZEIT

Kategorie: Sub-Mission

Zeitrahmen: 2-3 Stunden

Die Geschichte: Ihr Auftrag, sollten Sie ihn annehmen, besteht darin, eine Mauer der Geheimhaltung und der zusätzlichen Energie für Ihre Chefs zu errichten, damit diese die notwendige Büroarbeit für die endgültige Preisernte erledigen können. Damit dies funktioniert, müssen 4 verschiedene Kraftwerke um das Haus und das Büro herum gebaut werden:

❭ Das **Erdkraftwerk**

- Das **Sonnenkraftwerk**
- Das **Wasserkraftwerk**
- Das **Windkraftwerk**

Ihre Kreativität und Ihr technisches Wissen werden getestet und belohnt. Die Chefs dürfen unter keinen Umständen für mindestens 2,5 Stunden gestört werden - außer in absoluten Notfällen.

Ausbildung: Mutter und Vater können hier Möglichkeiten vorschlagen, doch am wichtigsten ist IHRE Kreativität. Die Kraftwerke müssen nicht unbedingt funktionieren!

Aufgaben:

- Kraftwerk **Erde**
- Kraftwerk **Wasser**
- Kraftwerk **Sonne**
- Kraftwerk **Wind**

Idealerweise in einem Kreis um das Haus herum gebaut, um dem Büro kreative Energie zu geben.

Punkte:

Die Agenten können sich für TEAM-WORK entscheiden, Einzelarbeit macht hier **keinen** Sinn.

Zum erfolgreichen **TEAM-WORK** gehört die ideale Zusammenarbeit in STILLE, niemand sagt jemandem, was er zu tun hat, jeder füllt die

Lücken, es gibt keinen Konflikt, alles geschieht innerhalb des vorgegebenen Zeitrahmens.

Wir schlagen für unser Familienformat **300 Punkte** für jedes Teammitglied vor, einschließlich der VATER&MUTTER-Rolle.

Ziel sind: 4 Triebwerkskonstruktionen. In diesem Fall muss nicht alles im Team gemacht werden, ... es ist möglich, jeden Agenten an einem Kraftwerk seiner Wahl arbeiten zu lassen. Kein Kraftwerk muss physisch als Strom- oder Wärmequelle arbeiten..., sondern als kreatives Projekt, das symbolisch für eine subtile Elementarenergie steht.

Die Mission ist nur dann erfüllt, wenn ALLE Kraftwerke gebaut werden und die Chefs nicht gestört wurden!

- **Kraftwerk Erde**: geschaffen mit den Materialien Erde, Stein und Holz.
- **Kraftwerk Wasser:** das in der Nähe eines Baches oder mit Wasser und Erde erzeugt wird
- **Kraftwerk Sonne:** wurde mit Spiegeln, dem Sonnenlicht und, falls sicher, einem kleinen Feuer geschaffen
- **Kraftwerk Wind:** erstellt mit Tuch, Handtüchern und Windrädern

13

Details und Tipps

Wie bereits erwähnt, ist keiner dieser Spielvorschläge obligatorisch, viele müssen je nach Familienmitgliedern und Infrastruktur angepasst werden. Wichtig ist, dass die Familie beginnt, ein Projekt ZUSAMMEN zu haben, vielleicht sogar das Gefühl zu entwickeln, etwas zu SCHAFFEN, das mehr als nur ein lustiges Spiel ist. Hier ein paar abschließende Tipps für jedes der Elemente dieses Spielzyklus...

FAMILIENKREIS: ist ideal, um die Familie zusammenzubringen, eine Gruppenentscheidung zu treffen und Konflikte zu lösen. Jeder muss den Redestab respektieren und sicherstellen, dass niemand, der ihn hält, unterbrochen wird. Der Redestab wird dann an den nächsten im Kreis weitergegeben.

Training des SILENT-WORK: Hier kommt ein Spiel, das hilft, eine Vorstellung davon zu bekommen, wie jede Art von Aufgabe in der Stille von einer Gruppe erledigt werden kann: DAS SPIEL VON KÖNIG & KÖNIGIN.

DAS KÖNIG & KÖNIGIN SPIEL

Alle gehen schweigend durch den Raum, plötzlich tritt eine Person mit dem Fuß auf den Boden und schreit auf: "Ich bin X der Erste und befehle meinen Untertanen, mir ein (was immer er/sie will, zum Beispiel) ein Schloss mit einem Schwanensee und einem großen Turm zu bauen" und lenke alle Aufmerksamkeit auf ihn/sie. Die anderen reagieren sofort, indem sie sich tief verbeugen und die Rolle der Untertanen übernehmen, ... nachdem der König/die Königin ihren Befehl bekannt gegeben hat, klatscht sie/er in die Hände. Dies ist das Signal für alle anderen, genau das zu tun, was der Regent ihnen gesagt hat. Sie können zu einem Turm, einem Schwan, einem Seeufer werden, wie immer sie es für richtig halten, ... es sollte klar genug sein, dass die anderen verstehen, was sie spielen, damit die anderen es ergänzen können. Es gibt jedoch eine strenge Regel der Stille, was bedeutet, dass niemand jemandem etwas befehlen kann, die Gruppe muss die Lösung nur durch Anbieten und komplementäres Handeln finden. Es ist ziemlich erstaunlich, was wir in diesem Spiel an Gruppen aufgebaut haben, einer der Höhepunkte war ein Massagesalon in einer Kristallklub-Disco mit den Beatles live auf der Bühne!

DIE PREISE AM ENDE

Natürlich muss jedes Ende eines jeden SPIELS mit der SIEGEREHRUNG und PREISVERLEIHUNG abgeschlossen werden....

In diesem Szenario ist es natürlich das Knacken des Tresors mit dem Code, der zusammen mit den Punkten während der Woche geerntet wurde.

Aber dann sollte auch ein schöner BAZAR mit Extra-Preisen angeboten werden!

Die Philosophie hinter den
FAMILY CHORE GAMES

Bevor wir anfangen Apps und Workshops für den Einsatz von FAMILY CHORE GAMES zu entwickeln, bitten wir ganz herzlich um IHR Feedback! Sagen Sie uns, welche Spiele für Ihre Familie am besten funktioniert haben und was Ihrer Meinung nach verbessert werden muss! Dieses Projekt will eine Sammlung der nützlichsten Spiele werden, die eine Familie zu einer produktiven Einheit machen.

Der Grund, warum wir diese Spiel-Idee entwickelt haben, ist, dass wir sehen, wie viele Menschen mittlerweile von zu Hause arbeiten - und das birgt für berufstätige Elternteile viele Herausforderungen.

Ein Einfamilienhaus ist nie still, selten ein Ort der Konzentration und Strategie, sondern in der Regel einem lebhaften Wandel und steter Chaos-Beseitigung unterworfen. In der Gesellschaft haben wir bereits diese klare Vorstellung von "Work-Life-Balance": Man versucht, genauso viel Zeit mit seiner Familie&Freunden zu verbringen wie mit seinem Chef und seinen Kollegen, ... und das wird immer mehr zu einem Feld von Interessenkonflikten, besonders wenn die Familie keine Identität, kein gemeinsames Gefühl füreinander hat:

- Wer sind wir?
- Was sind unsere Werte?
- Was sind unsere Stärken und Schwächen?
- Wie können wir uns gegenseitig unterstützen?

Das sind Fragen, die sich jedes Unternehmen stellt, und wir glauben, dass die Zeit gekommen ist, in der Arbeit und Familie so nahe beieinanderliegen, dass unsere Familiengemeinschaften vielleicht auch anfangen wollen, sich diese Fragen zu stellen. Familien sollen und können das Gefühl entwickeln, nicht nur Teil eines sozialen, sondern auch eines produktiven, kreativen und wirtschaftlichen Systems zu sein.

Was wäre, wenn Unternehmen zu Gemeinschaften würden und umgekehrt?

Was wäre, wenn jedes Unternehmen seine Identität nicht nur durch das Produkt, sondern auch durch Menschen im Unternehmen und ihren Familien definieren wollte?

Und was wäre, wenn die Familien sich als aktive Unterstützer der Unternehmen verstehen könnten, vielleicht sogar als eigene kleine Unternehmen?

Stellen Sie sich eine Gesellschaft vor, in der alle Generationen zusammenarbeiten und dabei gleichzeitig persönliches Wachstum finden…

Egal, ob Sie diese Philosophie teilen oder nicht, FAMILY CHORE GAMES sind eine praktische Sache für alleinerziehende Mütter und Väter und für jede Art von Familie, die gemeinsam PRODUKTIVEN SPASS haben will!

In diesem Sinne, viel Spaß beim Spielen und Weiterentwickeln!
Wir wünschen Ihnen eine grandiose Zeit bei den FAMILY CHORE GAMES!

Kontakt:

albert@howtohealyourheart.at

www.howtohealyourheart.at

9 798632 260732